SKOLDO

Mon livre de français

Elementary

....

Je m'appelle

....

Je suis en
Maternelle
CP
CE1
CE2

Pompom, the rabbit, is hiding throughout this book.
Write the numbers of the 12 pages where he is hiding.

© Lucy Montgomery t/a Ecole Alouette 2006. This page may not be photocopied.

les couleurs

rouge	jaune	bleu
vert	orange	rose
violet	gris	blanc
marron	noir	crème

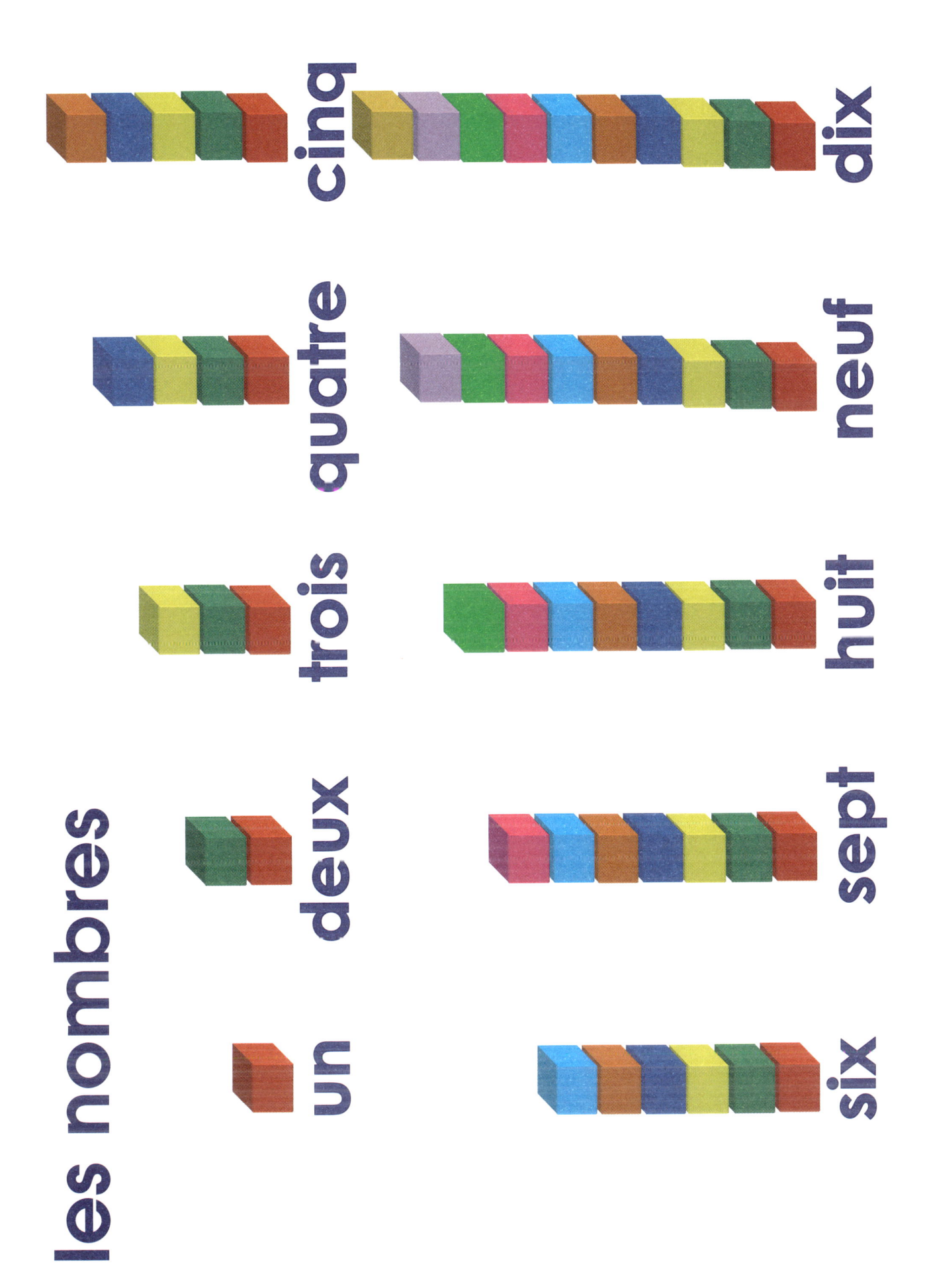

les nombres

un
deux
trois
quatre
cinq
six
sept
huit
neuf
dix

Elementary Book Contents

1	**les couleurs (i)** (colours)	red yellow pink green blue
2	**les couleurs (ii)** (colours)	purple black grey orange brown
3	**song**	**Frère Jacques** (Traditional)
4	**les nombres (i)** (numbers)	1 2 3 4 5
5	**les nombres (ii)** (numbers)	6 7 8 9 10
6	**picture (i)**	Bonjour! Présent! Présente!
7	**song**	**Un oiseau, deux oiseaux** (Skoldo)
8	**game**	nos 1 - 10
9	**les révisions**	pages 1 - 5
10	**song**	**Cinq petits vers** (Skoldo)
11	**les vêtements (i)** (clothes)	jumper jeans skirt shirt dress
12	**les vêtements (ii)** (clothes)	tee-shirt shoe trainer sock trousers
13	**song**	**Où est le grand lion?** (Skoldo)
14	**J'ai faim. (i)** (I'm hungry)	butter cheese bread milk jam
15	**J'ai faim. (ii)** (I'm hungry)	honey egg yoghurt chips pasta
16	**picture (ii)**	Comment tu t'appelles? Je m'appelle ……
17	**song**	**Savez-vous planter les choux?** (Traditional)
18	**game**	Snakes and Ladders
19	**les révisions**	pages 11 - 15
20	**song**	**Je vois deux chaussettes** (Skoldo)
21	**les animaux (i)** (animals)	cat dog fish rabbit hamster
22	**les animaux (ii)** (animals)	sheep pig cow hen horse
23	**song**	**Toc! Toc! Toc!** (Skoldo)
24	**les fruits** (fruit)	banana apple pear strawberry lemon
25	**les légumes** (vegetables)	carrot tomato onion potato cauliflower
26	**picture (iii)**	Quel âge as-tu? J'ai ………..ans.
27	**song**	**J'adore les glaces.** (Skoldo)
28	**picture**	Traditional children's stories
29	**les révisions**	pages 21 - 25
30	**song**	**La soupe aux légumes** (Skoldo)
31	**la tête** (head)	hair eyes mouth nose ears
32	**le corps** (body)	arm leg hand foot head
33	**song**	**Alouette** (Traditional)
34	**les passe-temps** (hobbies)	television reading swimming football cooking
35	**les jouets** (toys)	book teddy doll ball video game
36	**picture (iv)**	Où habites-tu?
37	**song**	**C'est mon anniversaire** (Skoldo)
38	**picture**	Mes jeux
39	**les révisions**	pages 31 - 35
40	**la campagne (i)** (coutryside)	flower butterfly tree river bridge
41	**la campagne (ii)** (coutryside)	fox hare mouse hedgehog mole
42	**song**	**Sur le pont d'Avignon** (Traditional)
43	**la plage** (beach)	sun sea spade seagull bucket
44	**le transport** (transport)	car bike aeroplane train bus
45	**picture (v)**	Bonjour! Ça va?
46	**song**	**Un kilomètre en vélo** (Skoldo)
47	**les révisions**	pages 40 - 44
48	**chez moi** (at home)	table chair window door house
49	**la famille** (family)	mother father brother sister family
50	**song**	**Papa, Maman, David, Anne** (Skoldo)
51	**J'ai soif.** (I'm thirsty.)	water coffee tea orange juice coca cola
52	**la trousse** (pencil case)	pencil pen ruler pencil sharpener rubber
53	**song**	**Bonne nuit, dors bien** (Skoldo)

les couleurs (i)

Choisis la bonne couleur  Écris

1 rouge
rouge ....

2 jaune
....

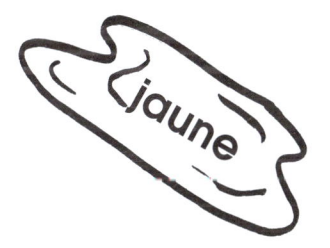

3 rose
....

rose
bleu
rouge
jaune
vert

4 vert
....

5 bleu
....

Écris le bon numéro.
Write the correct number.

2	jaune
	bleu
	rose
	vert
	rouge

1

les couleurs (ii)

Choisis la bonne couleur   Écris

1. violet
2. noir
3. gris
4. orange
5. marron

noir
marron
orange
gris
violet

Écris le bon numéro.
Write the correct number.

	violet
	marron
	gris
	orange
	noir

Frère Jacques

Frère Jacques Frère Jacques
Dormez-vous? Dormez-vous?
Sonnez les matines
Sonnez les matines
Ding dang dong
Ding dang dong

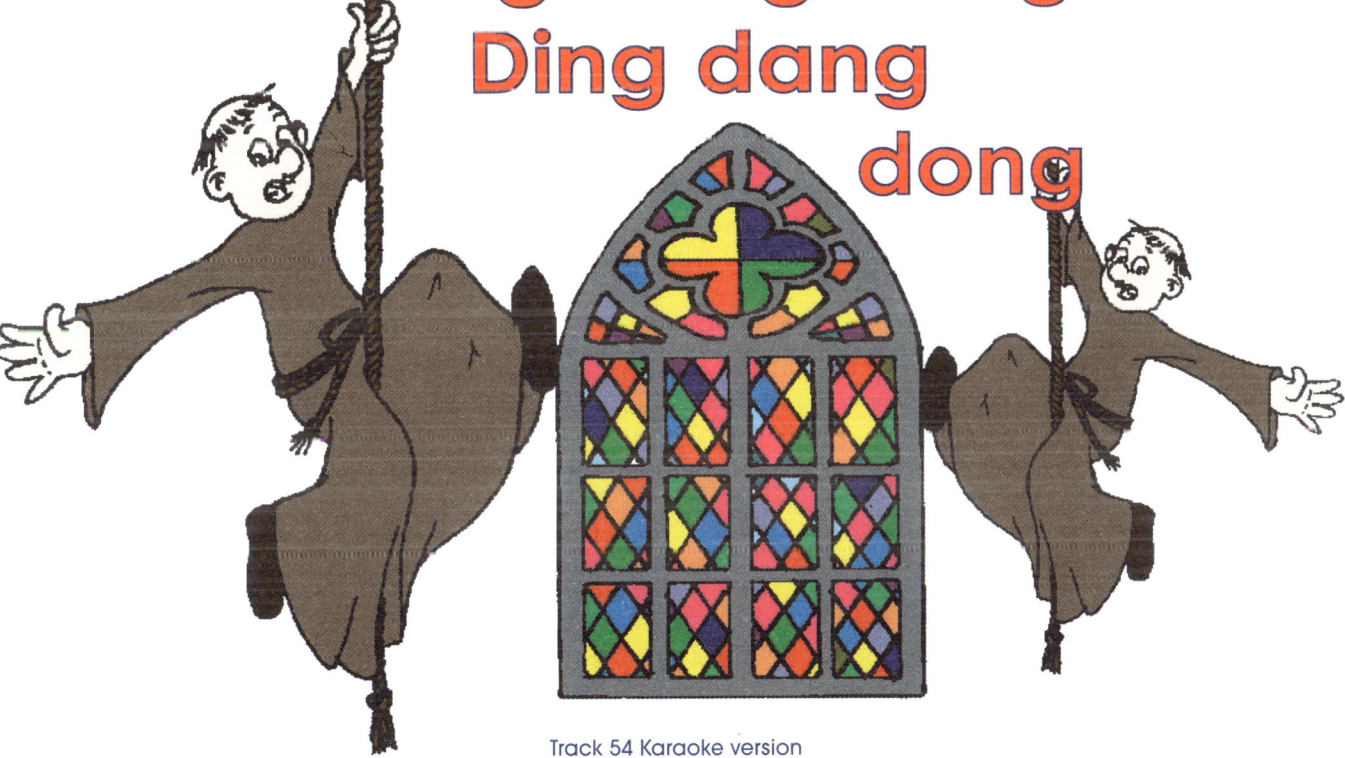

les nombres (i)

Choisis la bonne couleur   Écris

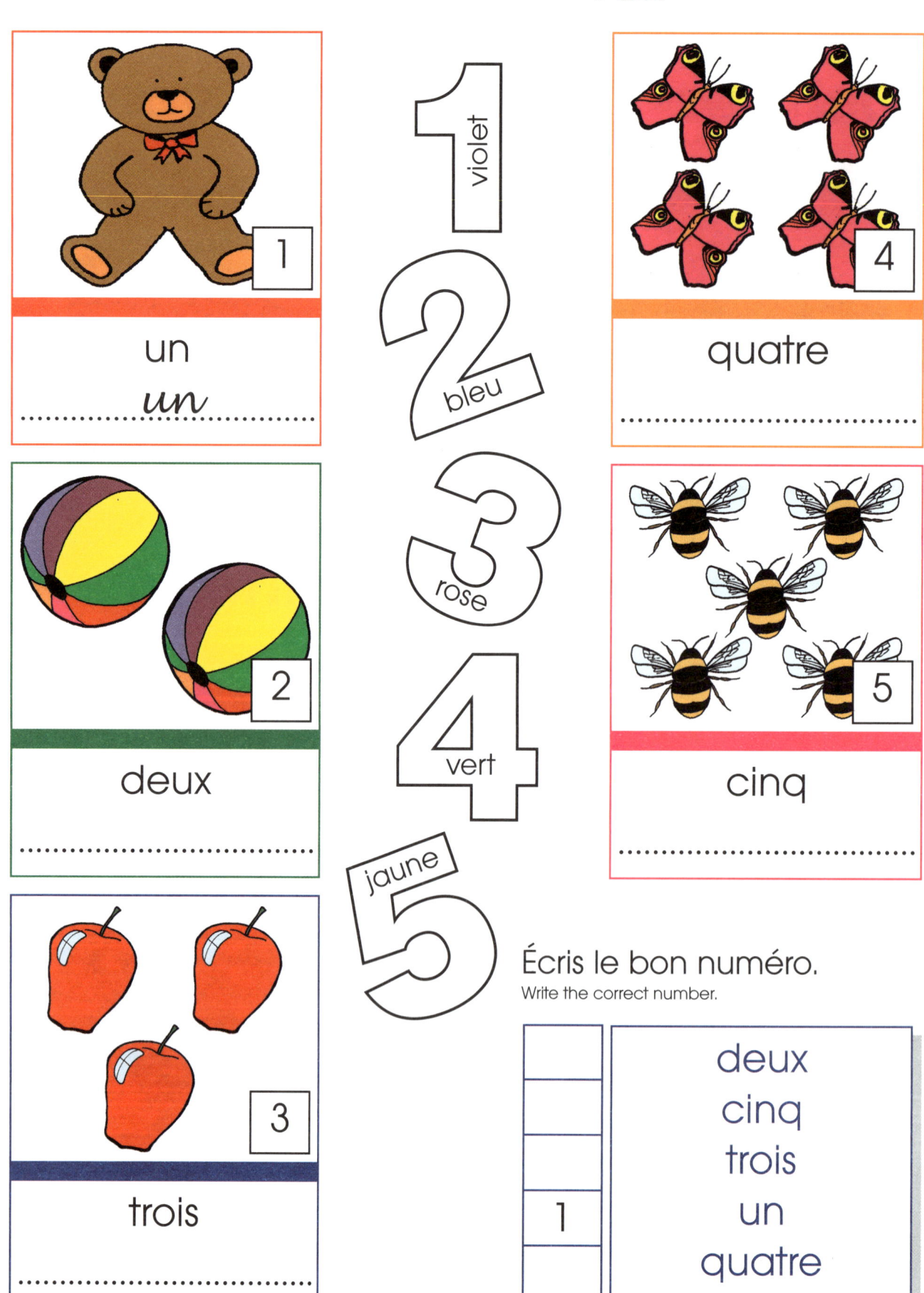

1 violet
2 bleu
3 rose
4 vert
5 jaune

un
un ....

deux
....

trois
....

quatre
....

cinq
....

Écris le bon numéro.
Write the correct number.

	deux
	cinq
	trois
1	un
	quatre

les nombres (ii)

Choisis la bonne couleur   Écris

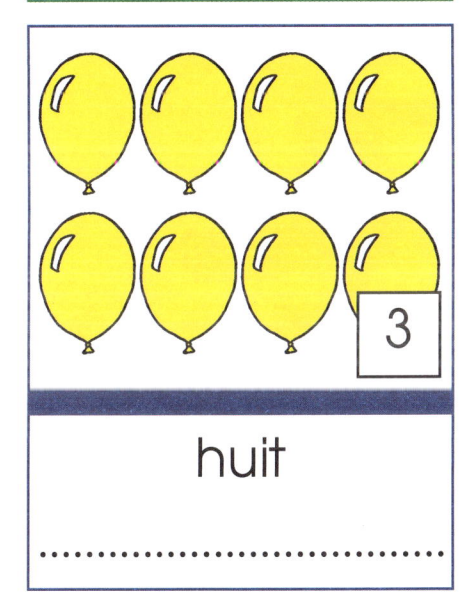

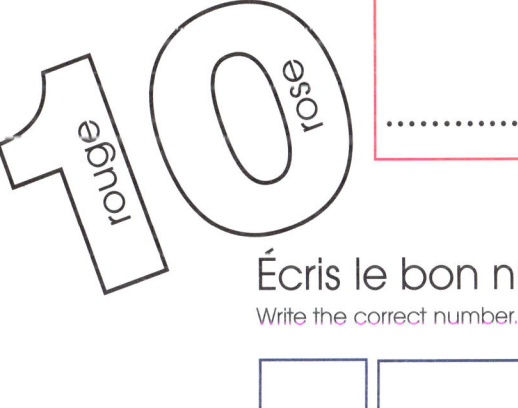

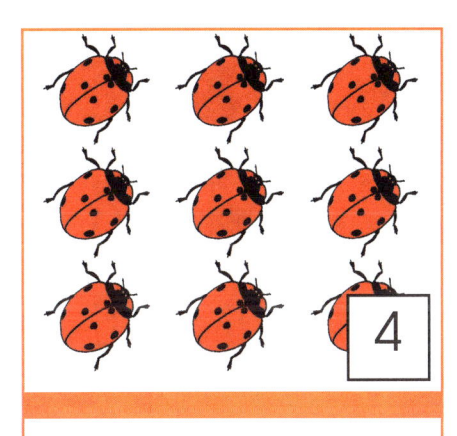

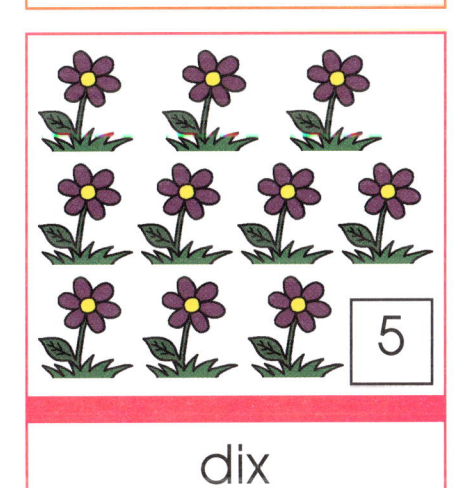

6 orange
7 violet
8 jaune
9 vert
10 rose
1 rouge

six

sept

huit

neuf

dix

Écris le bon numéro.
Write the correct number.

sept
dix
huit
neuf
six

Présent
Présente

Patrice

Gilbert

Hubert

Emilie

Sophie

un oiseau, deux oiseaux

un oiseau
deux oiseaux
sur la plage sur la plage
un seau d'eau
deux seaux d'eau
sur la plage sur la plage

un château
deux châteaux
sur la plage sur la plage
un bateau
deux bateaux
sur la plage sur la plage

Repeat verse 1

Track 66 Karaoke version

un jeu

Écoute bien 🦻
Listen to the CD and write the correct number in the correct box

8

les révisions

Écoute bien 👂 et coche la petite boîte. ✔

Cinq petits vers

1 2 3 4 5 vers   5 petits vers
1 2 3 4 5 vers   dans la terre

1 2 3 4 ✺ vers   4 petits vers
1 2 3 4 ✺ vers   dans la terre

1 2 3 ✺✺ vers   3 petits vers
1 2 3 ✺✺ vers   dans la terre

1 2 ✺✺✺ vers   2 petits vers
1 2 ✺✺✺ vers   dans la terre

Un petit ver sans ami
Un petit ver sans ami dans la terre

les vêtements (i)

Choisis la bonne couleur   Écris

le pull
le pull

la chemise

○ rouge
○ rose
○ jaune
○ vert
○ bleu

le jean

la robe

la jupe

Écris le bon symbole.
Write the correct symbol.

	la jupe
	la robe
↓	le jean
	la chemise
	le pull

les vêtements (ii)

Choisis la bonne couleur Écris

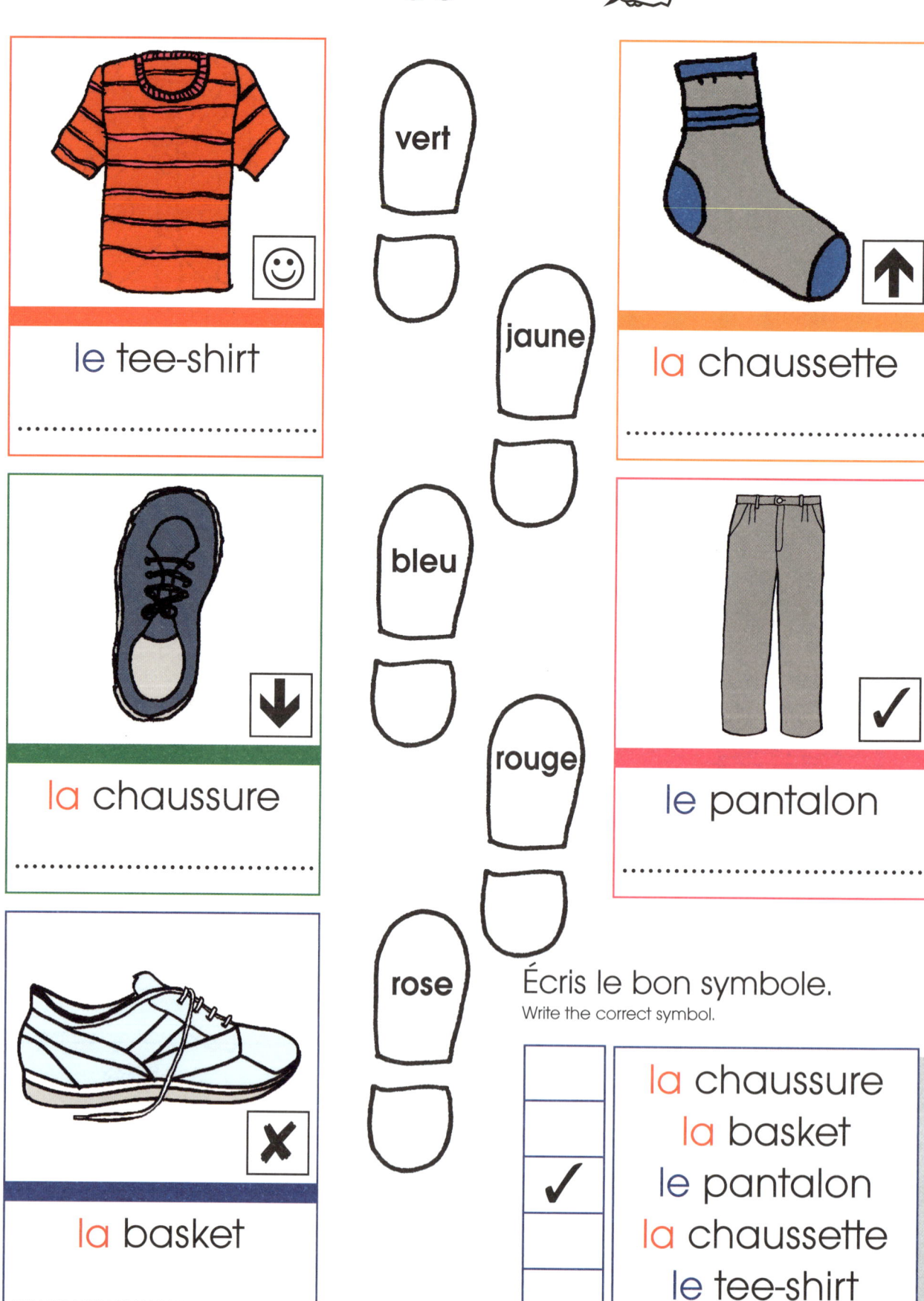

- le tee-shirt ☺
- la chaussette ↑
- la chaussure ↓
- le pantalon ✓
- la basket ✗

vert
jaune
bleu
rouge
rose

Écris le bon symbole.
Write the correct symbol.

	la chaussure
	la basket
✓	le pantalon
	la chaussette
	le tee-shirt

12

Où est le grand lion?

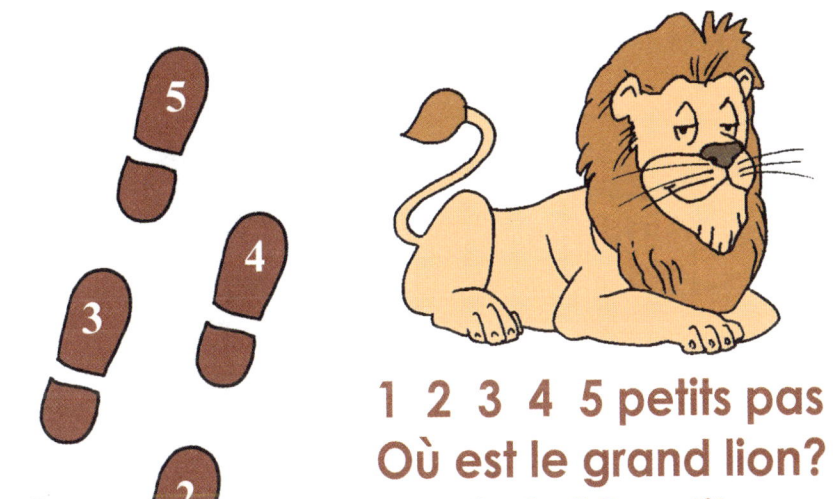

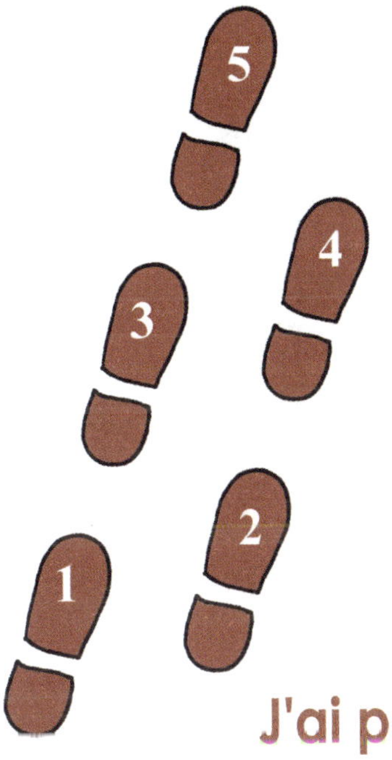

1 2 3 4 5 petits pas
Où est le grand lion?
6 7 8 9 10 petits pas
Où est le grand lion?

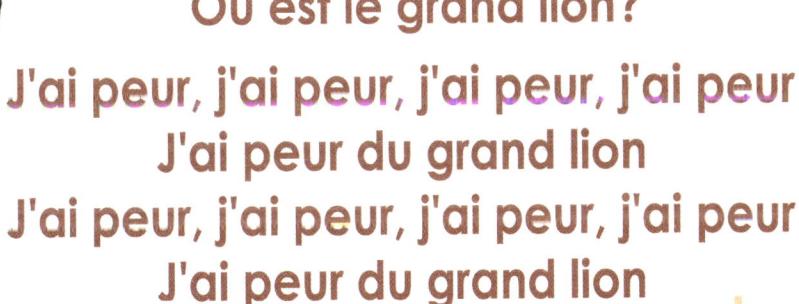

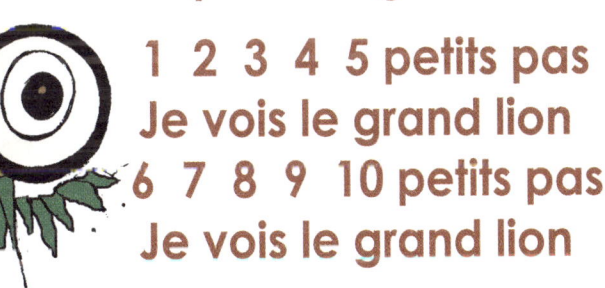

J'ai peur, j'ai peur, j'ai peur, j'ai peur
J'ai peur du grand lion
J'ai peur, j'ai peur, j'ai peur, j'ai peur
J'ai peur du grand lion

1 2 3 4 5 petits pas
Je vois le grand lion
6 7 8 9 10 petits pas
Je vois le grand lion

J'ai peur, j'ai peur, j'ai peur, j'ai peur
J'ai peur du grand lion
J'ai peur, j'ai peur, j'ai peur, j'ai peur
J'ai peur du grand lion

Track 57 Karaoke version

J'ai faim. (i)

Colorie ✏︎   Écris ✍︎

le beurre

jaune

rouge

le lait

le fromage

violet

rose

la confiture

orange

le pain

Écris le bon symbole.
Write the correct symbol.

	le fromage
	le pain
	la confiture
	le beurre
	le lait

14

J'ai faim. (ii)

Colorie ✏️   Écris ✍️

le miel

les frites

l'oeuf

les pâtes

le yaourt

marron
bleu
rose
gris
vert

Écris le bon symbole.
Write the correct symbol.

	les pâtes
	l'oeuf
	le miel
	le yaourt
	les frites

15

© Lucy Montgomery t/a Ecole Alouette 2006. This page may not be photocopied.

Comment tu t'appelles?

Gilbert

Emilie

Patrice

Hubert

Sophie

Savez-vous planter les choux?

Savez-vous planter les choux?
À la mode, à la mode
Savez-vous planter les choux?
À la mode de chez nous

On les plante avec la main
À la mode, à la mode
On les plante avec la main
À la mode de chez nous

On les plante avec le pied ...

On les plante avec le nez ...

un jeu

18	17	16
13	14	15
12	11	10
7	8	9
6	5	4
1	2	3

Two sets of numbers to win the game are on the CD

les révisions

Écoute bien et coche la petite boîte. ✔

Je vois deux chaussettes

un nounours

un pull-over

une jupe

un jean bleu

deux chaussettes

Je vois deux chaussettes,
je vois un jean bleu,
je vois une jupe et un pull-over
Je vois deux chaussettes,
je vois un jean bleu,
je vois une jupe et un nounours

Track 59 Karaoke version

les animaux (i)

Choisis la bonne couleur    Écris

orange

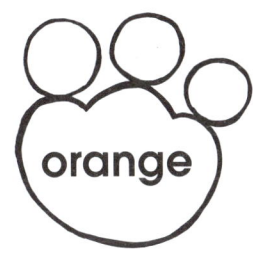

noir

rouge

gris

marron

1 le chat

2 le chien

3 le poisson

4 le lapin

5 le hamster

Écris le bon numéro.
Write the correct number.

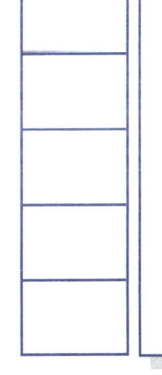

	le hamster
	le chat
	le poisson
	le chien
	le lapin

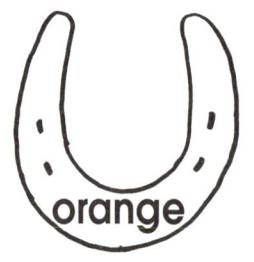

les animaux (ii)

Choisis la bonne couleur Écris

- orange
- noir
- rouge
- marron
- gris

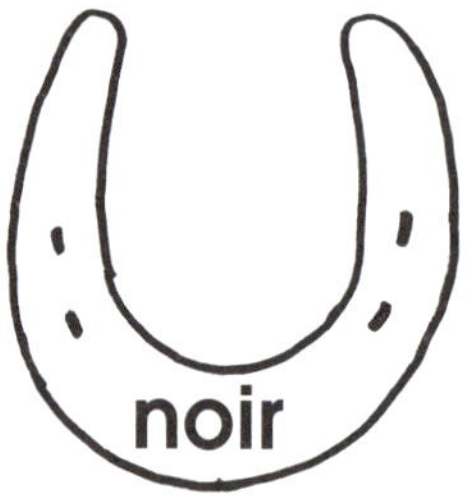

1. le mouton
2. le cochon
3. la vache
4. la poule
5. le cheval

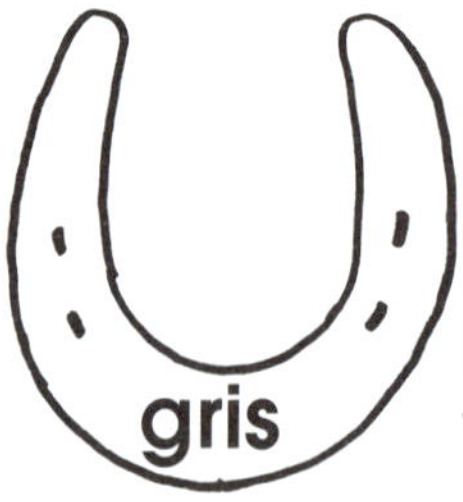

Écris le bon numéro.
Write the correct number.

	la vache
	le cheval
	le cochon
	la poule
	le mouton

22

Toc! Toc! Toc!

Toc! Toc! Toc!
Qui est là, à la porte?
Ouaf! ouaf! ouaf!
Qui est là?
C'est le chien.

Toc! Toc! Toc!
Qui est là, à la porte?
Miaou! miaou! miaou!
Qui est là?
C'est le chat.

Toc! Toc! Toc!
Qui est là, à la porte?
Coin! coin! coin!
Qui est là?
C'est le canard.

Toc! Toc! Toc!
Qui est là, à la porte?
Meuh! meuh! meuh!
Qui est là?
C'est la vache.

Toc! Toc! Toc!
Qui est là, à la porte?
Cui! cui! cui!
Qui est là?
C'est l'oiseau.

Track 60 Karaoke version

les fruits

Choisis la bonne couleur Écris

la banane
....

jaune

la fraise
....

rouge

la pomme
....

vert

le citron
....

orange

violet

la poire
....

Écris le bon symbole.
Write the correct symbol.

	le citron
	la fraise
	la pomme
	la poire
	la banane

24

© Lucy Montgomery t/a Ecole Alouette 2006. This page may not be photocopied.

les légumes

Choisis la bonne couleur Écris

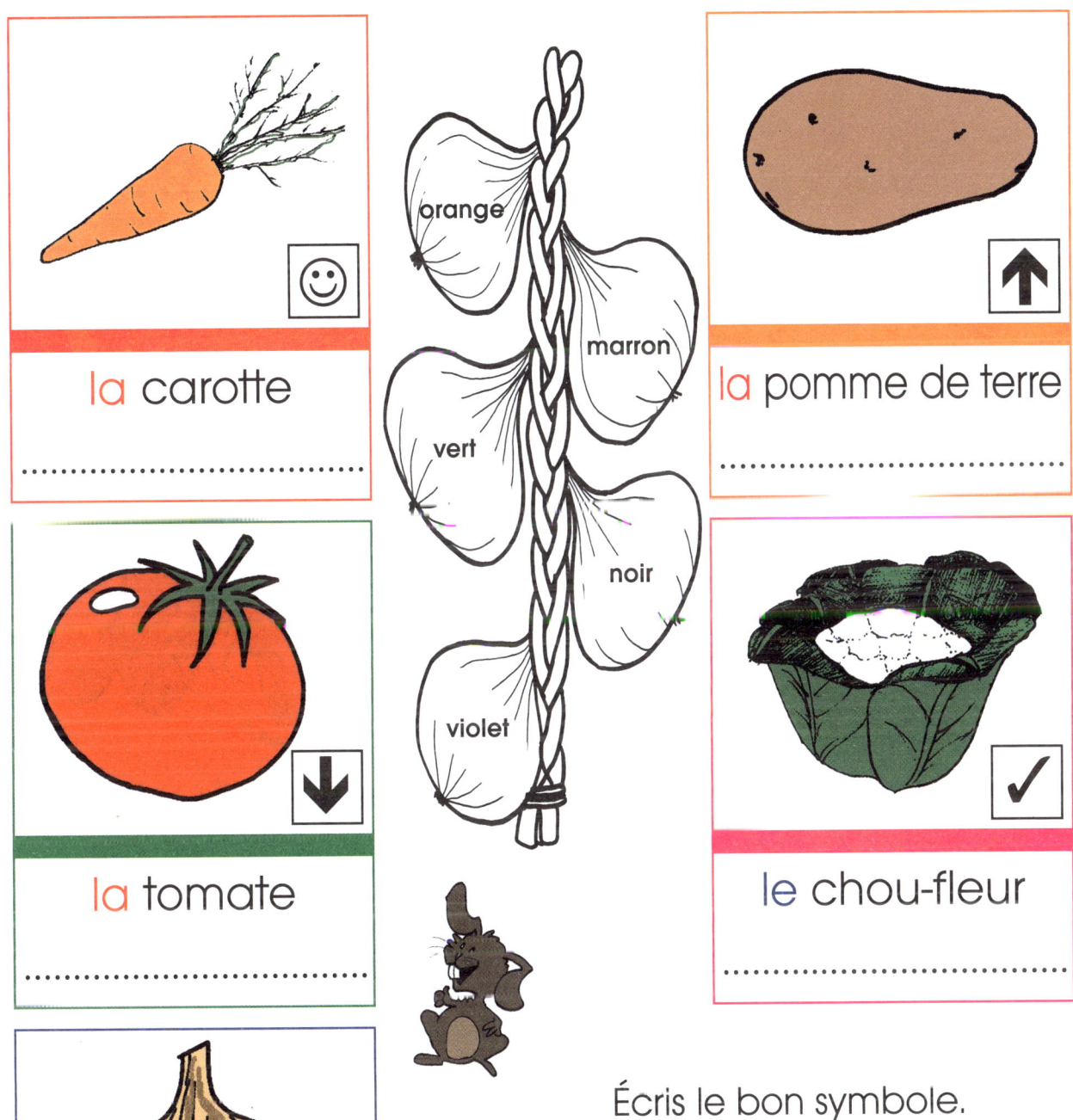

la carotte

la pomme de terre

orange
marron
vert
noir
violet

la tomate

le chou-fleur

l'oignon

Écris le bon symbole.
Write the correct symbol.

	la tomate
	le chou-fleur
	l'oignon
	la carotte
	la pomme de terre

Quel âge as-tu?

J'adore les glaces

J'adore les glaces, les glaces, les glaces
J'adore les glaces mmmmmm!

banane poire pomme citron ananas
J'adore les glaces
fraise orange

J'adore les fruits, les fruits, les fruits
J'adore les fruits mmmmmm!

banane poire pomme citron ananas
J'adore les fruits
fraise orange

J'adore les bonbons, les bonbons, les bonbons
J'adore les bonbons mmmmmm!

banane poire pomme citron ananas
J'adore les bonbons
fraise orange

Track 61 Karaoke version

© Lucy Montgomery t/a Ecole Alouette 2006. This page may not be photocopied.

Boucle d'or et les trois ours

le petit Chaperon Rouge

les trois petits cochons

Blanche-neige et les sept nains

les révisions

Écoute bien et coche la petite boîte. ✔

29

la soupe aux légumes

Oh! la soupe aux légumes
C'est délicieux
la soupe aux légumes

Oh! la soupe aux légumes
C'est délicieux
la soupe aux légumes

trois carottes

deux oignons

cinq pommes de terre

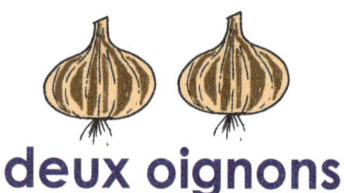

et un chou-fleur

trois carottes

deux oignons

cinq pommes de terre

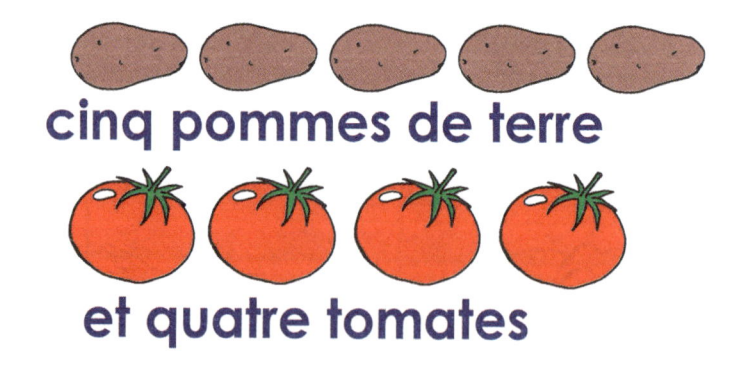

et quatre tomates

Oh! la soupe aux légumes
C'est délicieux
la soupe aux légumes

Oh! la soupe aux légumes
C'est délicieux
la soupe aux légumes

la tête

Choisis la bonne couleur   Écris

1. les cheveux
2. les yeux 
3. la bouche 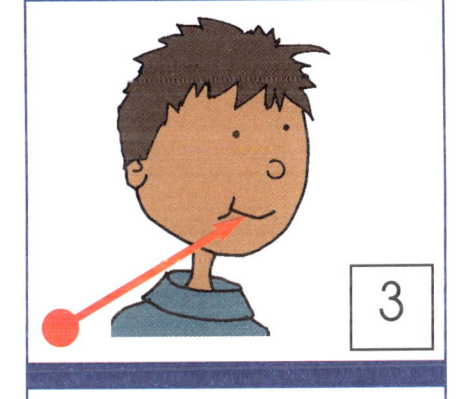
4. le nez
5. les oreilles 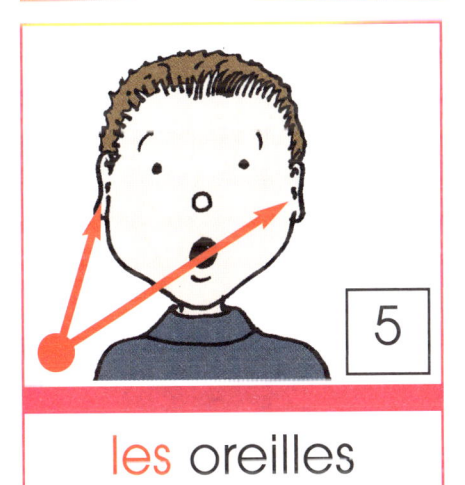

orange
noir
rouge
gris
marron

Écris le bon numéro.
Write the correct number.

	les yeux
	les cheveux
	la bouche
	les oreilles
	le nez

le corps

Choisis la bonne couleur   Écris

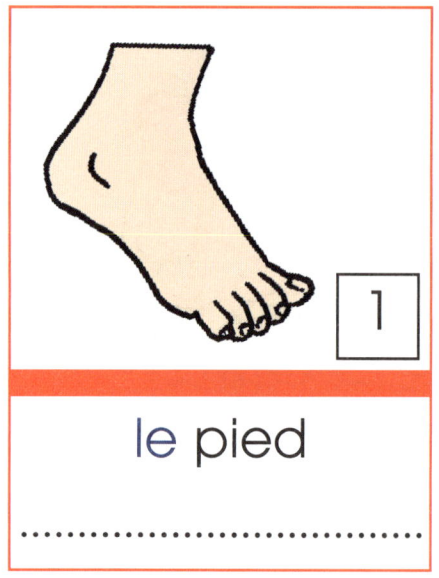

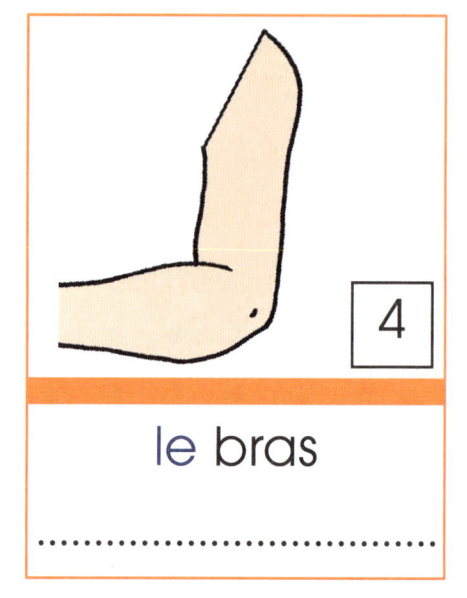

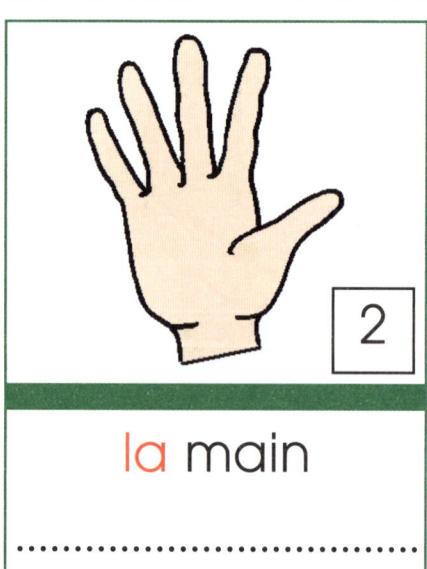

1 le pied

2 la main

3 la jambe

rouge

jaune

marron

orange

vert

4 le bras

5 la tête

Écris le bon numéro.
Write the correct number.

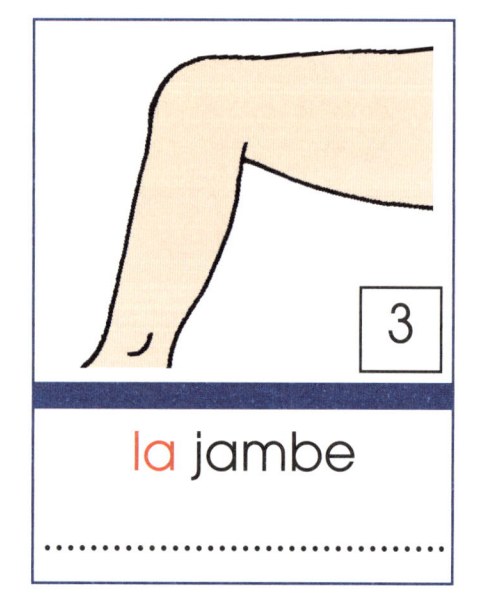

	la jambe
	la tête
	le bras
	le pied
	la main

32

© Lucy Montgomery t/a Ecole Alouette 2006. This page may not be photocopied.

Alouette

Alouette gentille Alouette   Alouette je te plumerai

Je te plumerai la tête
Je te plumerai la tête
et la tête et la tête
Alouette Alouette
ahhhhh

Alouette gentille Alouette   Alouette je te plumerai

Je te plumerai les ailes
Je te plumerai les ailes
et les ailes et les ailes
et la tête et la tête
Alouette Alouette
ahhhhh

Alouette gentille Alouette   Alouette je te plumerai

Je te plumerai la queue
Je te plumerai la queue
et la queue et la queue
et les ailes et les ailes
et la tête et la tête
Alouette Alouette
ahhhhh

Alouette gentille Alouette   Alouette je te plumerai

Track 63 Karaoke version

les passe-temps

Choisis la bonne couleur    Écris

1 la télévision

2 la lecture

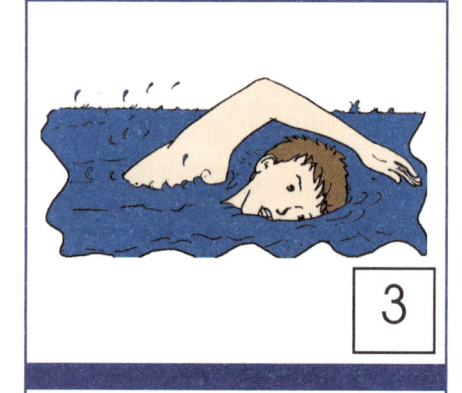

3 la natation

rose

violet

marron

bleu

gris

4 le football

5 la cuisine

Écris le bon numéro.
Write the correct number.

	la natation
	la cuisine
	la télévision
	le football
	la lecture

les jouets

Choisis la bonne couleur Écris

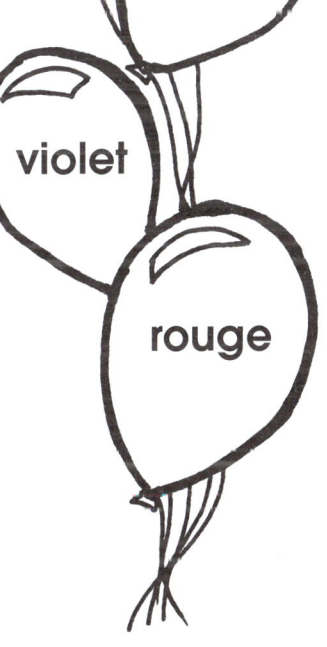

le livre

bleu

rose

jaune

violet

rouge

le ballon

le nounours

le jeu vidéo

la poupée

Écris le bon symbole.
Write the correct symbol.

	le nounours
	le jeu vidéo
	le ballon
	la poupée
	le livre

35

Où habites-tu?

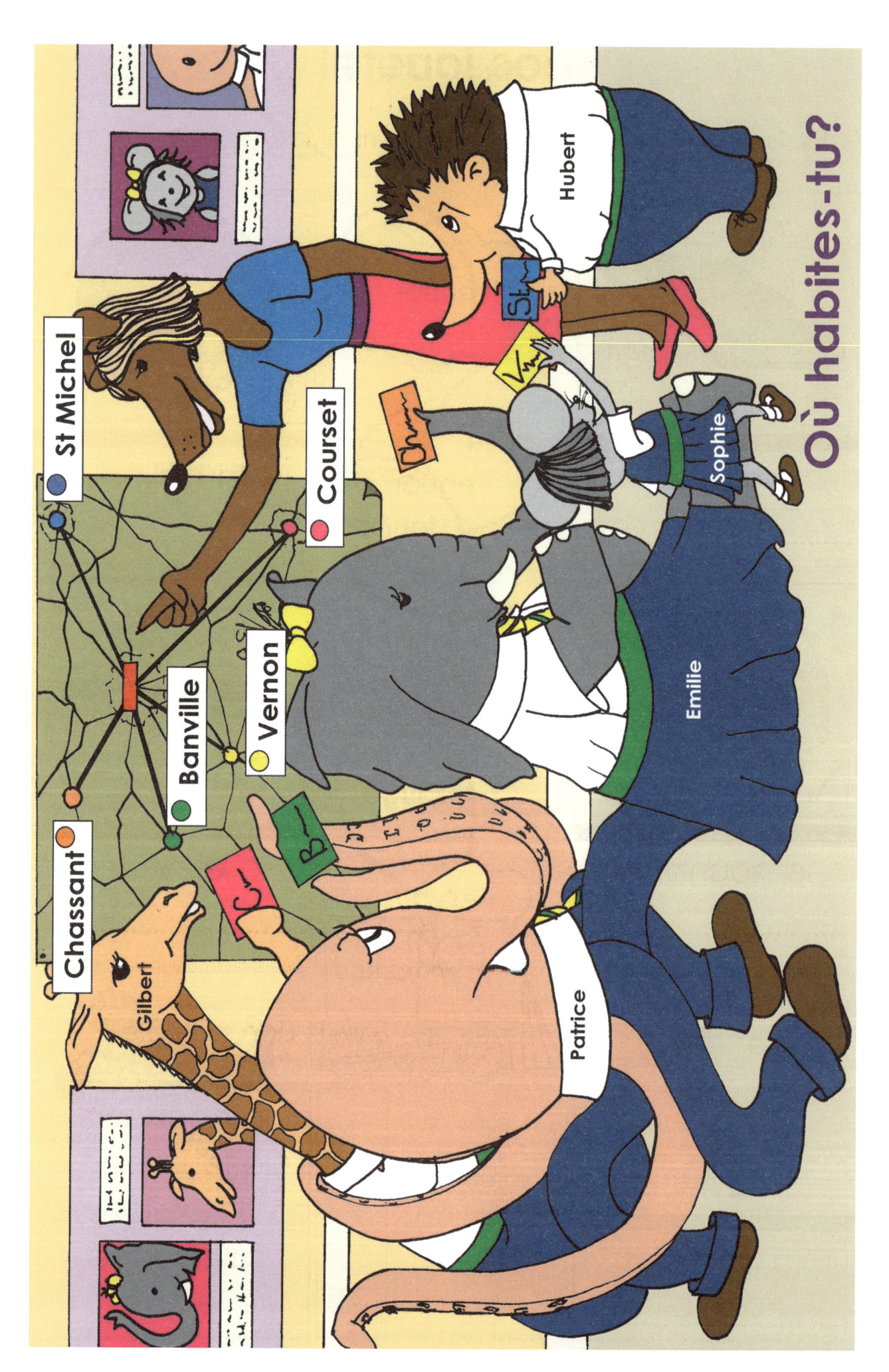

C'est mon anniversaire

Aujourd'hui, j'ai trois cadeaux
Aujourd'hui, j'ai trois cadeaux
Aujourd'hui, j'ai trois cadeaux
C'est mon anniversaire

Aujourd'hui, j'ai un lapin
Aujourd'hui, j'ai un lapin
Aujourd'hui, j'ai un lapin
C'est mon anniversaire

Aujourd'hui, j'ai un nounours
Aujourd'hui, j'ai un nounours
Aujourd'hui, j'ai un nounours
C'est mon anniversaire

Aujourd'hui, j'ai un stylo
Aujourd'hui, j'ai un stylo
Aujourd'hui, j'ai un stylo
C'est mon anniversaire

Track 64 Karaoke version

mes jeux

- vert
- rouge
- violet
- jaune
- rose
- marron
- bleu
- jaune
- rouge
- vert
- orange
- bleu
- jaune

les révisions

Écoute bien et coche la petite boîte. ✔

39

la campagne (i)

Choisis la bonne couleur   Écris

1 la fleur

2 le papillon

3 l'arbre

jaune

violet

orange

rouge

marron

4 la rivière

5 le pont

Écris le bon numéro.
Write the correct number.

	le papillon
	le pont
	la rivière
	l'arbre
	la fleur

40

la campagne (ii)

Choisis la bonne couleur   Écris

1. le renard
2. le lièvre
3. la souris
4. le hérisson
5. la taupe

noir
gris
marron
rouge
jaune

Écris le bon numéro.
Write the correct number.

	le lièvre
	le renard
	la taupe
	le hérisson
	la souris

Sur le pont d'Avignon

Refrain: Sur le pont d'Avignon On y danse, on y danse
Sur le pont d'Avignon On y danse tout en rond

les beaux messieurs
font comme ça
et puis encore
comme ça   (Refrain)

les belles dames
font comme ça
et puis encore
comme ça   (Refrain)

la plage

Choisis la bonne couleur Écris

1 le soleil
....

2 la mer
....

3 la pelle
....

jaune

rouge

bleu

orange

marron

4 la mouette
....

5 le seau
....

Écris le bon numéro.
Write the correct number.

	la pelle
	le seau
	la mer
	le soleil
	la mouette

43

le transport

Choisis la bonne couleur   Écris

la voiture	jaune	le train
le vélo	rouge	le bus
l'avion	bleu	
	violet	
	vert	

Écris le bon symbole.
Write the correct symbol.

le vélo
le bus
la voiture
le train
l'avion

Bonjour! Ça va?

Gilbert
Emilie
Patrice
Sophie
Hubert

Ça va bien, merci.
I'm fine thanks.

Ça ne va pas bien.
I don't feel very well.

Comme ci comme ça
So so.

un kilomètre en vélo

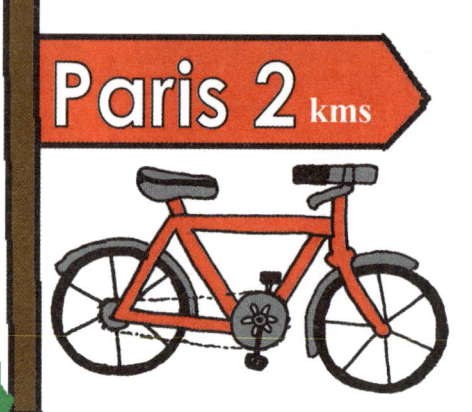

un kilomètre en vélo
deux kilomètres en vélo
allons-y allons-y
deux kilomètres en vélo

un kilomètre en train
deux kilomètres en train
allons-y allons-y
deux kilomètres en train

un kilomètre en voiture
deux kilomètres en voiture
allons-y allons-y
deux kilomètres en voiture

un kilomètre en avion
deux kilomètres en avion
allons-y allons-y
deux kilomètres en avion

un kilomètre en bus
deux kilomètres en bus
allons-y allons-y
deux kilomètres en bus

les révisions

Écoute bien et coche la petite boîte. ✔

47

chez moi

Choisis la bonne couleur Écris

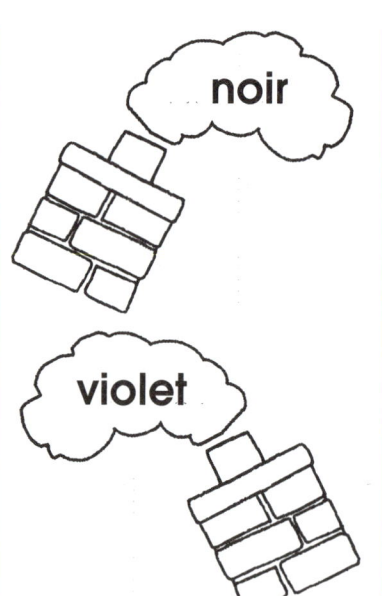

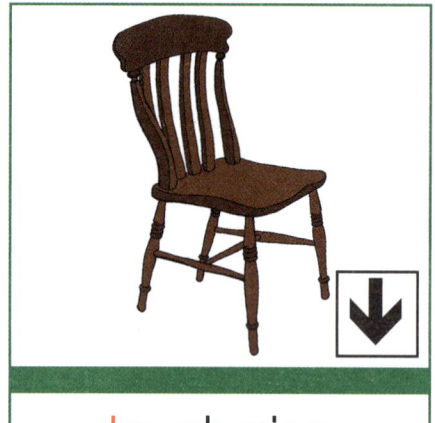

la table

la porte

la chaise

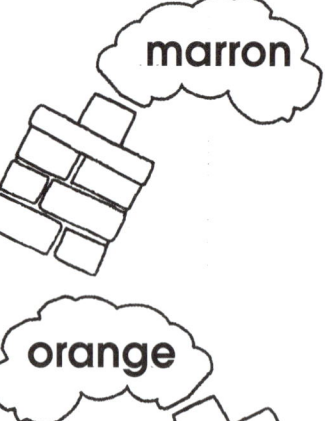

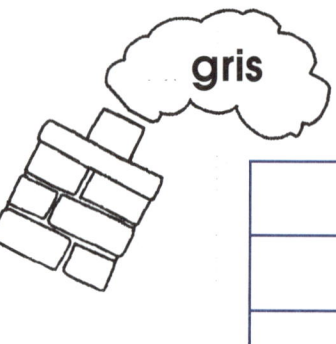

la maison

la fenêtre

noir
violet
marron
orange
gris

Écris le bon symbole.
Write the correct symbol.

	la fenêtre
	la maison
	la table
	la porte
	la chaise

la famille

Choisis la bonne couleur   Écris

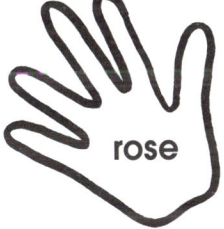

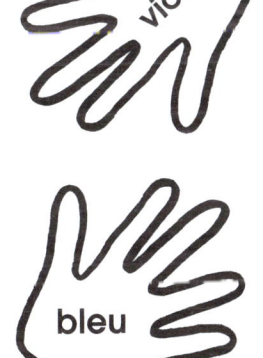

1 la mère

2 le père

3 le frère

4 la soeur

5 la famille

jaune / rose / violet / bleu / orange

Écris le bon numéro.
Write the correct number.

	la famille
	le frère
	la mère
	la soeur
	le père

49

© Lucy Montgomery t/a Ecole Alouette 2006. This page may not be photocopied.

Papa, Maman, David, Anne

Papa, Maman, David, Anne et le chien Coccinelle
Papa, Maman, David, Anne et le chien Coccinelle
Papa est le père, Maman est la mère
David est le frère
Anne est la soeur
Papa, Maman, David, Anne
et le chien Coccinelle
Papa, Maman, David, Anne
et le chien Coccinelle

le père — Papa
la mère — Maman
le frère — David
la soeur — Anne
Coccinelle

Track 67 Karaoke version

J'ai soif.

Choisis la bonne couleur Écris

l'eau

le café

le thé

rose

violet

marron

orange

jaune

le jus d'orange

le coca

Écris le bon symbole.
Write the correct symbol

	le coca
	le café
	le jus d'orange
	l'eau
	le thé

la trousse

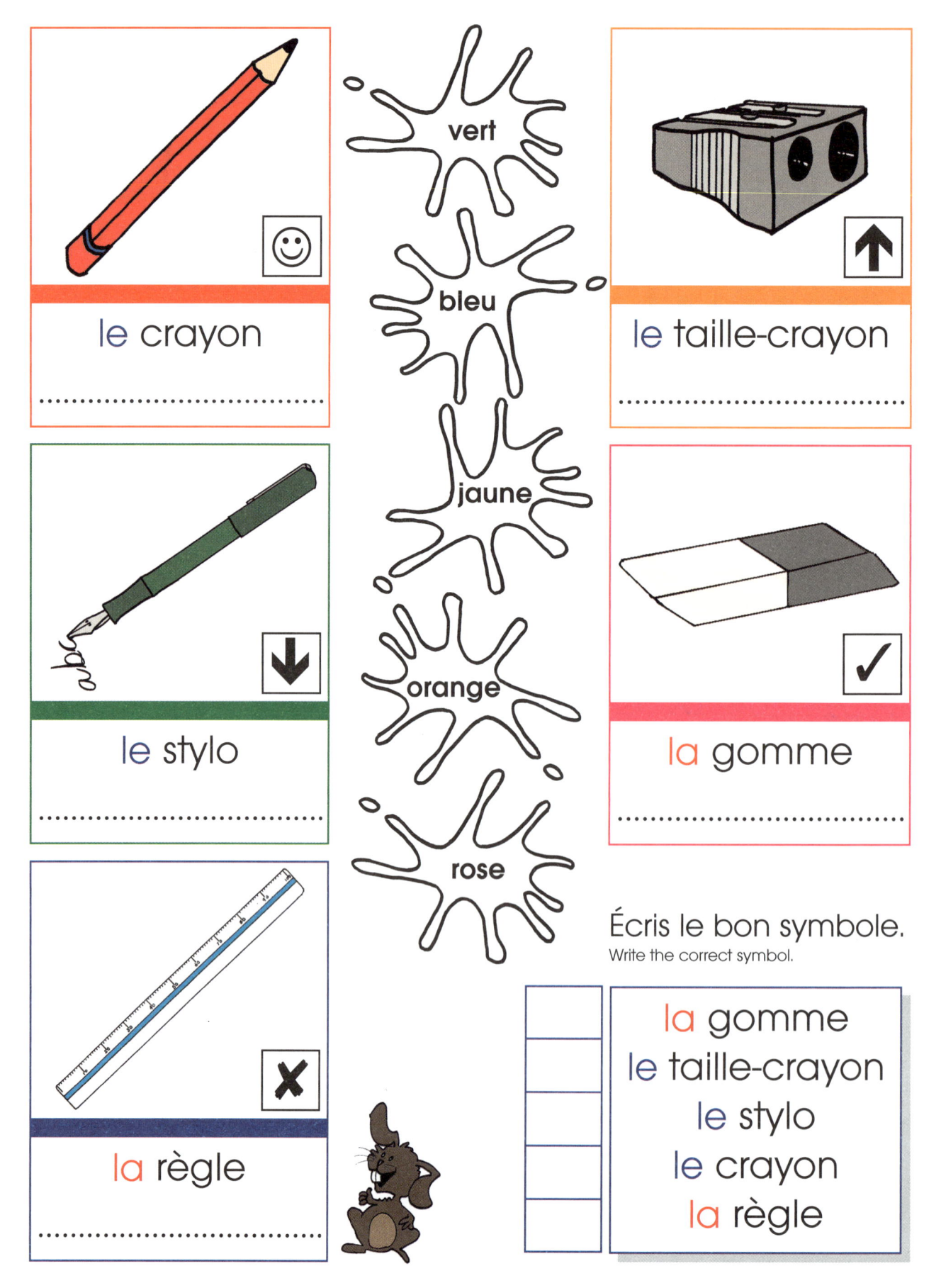

Choisis la bonne couleur   Écris

le crayon

le taille-crayon

vert

bleu

le stylo

jaune

la gomme

orange

rose

la règle

Écris le bon symbole.
Write the correct symbol.

	la gomme
	le taille-crayon
	le stylo
	le crayon
	la règle

52

© Lucy Montgomery t/a Ecole Alouette 2006. This page may not be photocopied.

Bonne nuit, dors bien

Bonne nuit, dors bien
Chut! Ferme les rideaux
Bonne nuit, dors bien
Chut! Ferme les yeux

les étoiles, la lune
la chauve-souris
le hibou, le blaireau
et le renard

Bonne nuit, dors bien
Chut! Ferme les rideaux
Bonne nuit, dors bien
Chut! Ferme les yeux

Track 68 Karaoke version

Vocabulaire (i)

1 & 2 colours	les couleurs
black	noir
blue	bleu
brown	marron
green	vert
grey	gris
jaune	yellow
orange	orange
pink	rose
purple	violet
red	rouge

4 & 5 numbers	les nombres
1 one	1 un
2 two	2 deux
3 three	3 trois
4 four	4 quatre
5 five	5 cinq
6 six	6 six
7 seven	7 sept
8 eight	8 huit
9 nine	9 neuf
10 ten	10 dix

11 & 12 clothes	les vêtements
coat	le manteau
dress	la robe
hat	le chapeau
jeans	le jean
jumper	le pull
shirt	la chemise
shoe	la chaussure
skirt	la jupe
sock	la chaussette
teeshirt	le tee-shirt
trainers	les baskets
trousers	le pantalon

14 & 15 I'm hungry.	J'ai faim.
bread	le pain
butter	le beurre
cheese	le fromage
chips	les frites
egg	l'oeuf
honey	le miel
jam	la confiture
milk	le lait
pasta	les pâtes
pizza	la pizza
yoghurt	le yaourt

21 & 22 animals	les animaux
cat	le chat
cow	la vache
dog	le chien
fish	le poisson
hamster	le hamster
hen	la poule
horse	le cheval
pig	le cochon
rabbit	le lapin
sheep	le mouton

24 fruit	les fruits
apple	la pomme
banana	la banane
lemon	le citron
pear	la poire
strawberry	la fraise

25 vegetables	les légumes
carrot	la carotte
cauliflower	le chou-fleur
onion	l'oignon
potato	la pomme de terre
tomato	la tomate

© Lucy Montgomery t/a Ecole Alouette 2006. This page may not be photocopied.

Vocabulaire (ii)

31 & 32 body	le corps	43 beach	la plage
arm	le bras	bucket	le seau
back	le dos	sea	la mer
ears	les oreilles	seagull	la mouette
eyes	les yeux	spade	la pelle
foot	le pied	sun	le soleil
hair	les cheveux	**44 transport**	**le transport**
hand	la main	aeroplane	l'avion
head	la tête	bike	le vélo
leg	la jambe	bus	le bus
mouth	la bouche	car	la voiture
nose	le nez	train	le train
34 hobbies	**les passe-temps**	**48 at home**	**chez moi**
cooking	la cuisine	chair	la chaise
football	le football	door	la porte
reading	la lecture	house	la maison
swimming	la natation	table	la table
television	la télévision	window	la fenêtre
35 toys	**les jouets**	**49 family**	**la famille**
ball	le ballon	brother	le frère
book	le livre	father	le père
doll	la poupée	mother	la mère
teddy	le nounours	sister	la soeur
video game	le jeu vidéo	**51 I'm thirsty.**	**J'ai soif.**
40 & 41 countryside	**la campagne**	coca cola	le coca
bridge	le pont	coffee	le café
butterfly	le papillon	orange juice	le jus d'orange
flower	la fleur	tea	le thé
fox	le renard	water	l'eau
hare	le lièvre	**52 pencil case**	**la trousse**
hedgehog	le hérisson	pen	le stylo
mole	la taupe	pencil	le crayon
mouse	la souris	pencil sharpener	le taille crayon
river	la rivière	rubber	la gomme
tree	l'arbre	ruler	la règle

© Lucy Montgomery t/a Ecole Alouette 2006. This page may not be photocopied.

l'alphabet français

Aa l'**a**vion	**Bb** le **b**allon	**Cc** le **c**ochon	**Dd** le **d**rapeau
Ee l'**e**scargot	**Ff** la **f**raise	**Gg** la **g**lace	**Hh** le **h**érisson
Ii l'**i**gloo	**Jj** la **j**onquille	**Kk** le **k**angourou	**Ll** le **l**ion
Mm le **m**outon	**Nn** le **n**ounours	**Oo** l'**o**range	**Pp** la **p**omme
Qq la **q**uille	**Rr** le **r**enard	**Ss** le **s**oleil	**Tt** la **t**omate
Uu l'**u**nivers	**Vv** la **v**ache	**Ww** le **w**agon	**Yy** le **y**oyo
		Xx le **x**ylophone	**Zz** le **z**èbre

© Lucy Montgomery t/a Ecole Alouette 2006. This page may not be photocopied.